Paul Weismantel

Kleiner Mensch, du großes Wunder

Zur Taufe

Schwabenverlag

Kleiner Mensch, du großes Wunder

Mit den sieben Farben des Regenbogens in die bergende Hand Gottes gemalt, so schaut uns dieses Menschenkind an.

Es ist ein farbenprächtiges Bild. Es leuchtet und strahlt so, als wolle es jedem Menschen, der es anschaut, sagen: Das bist du. Du bist geboren aus der Liebe Gottes und geborgen in seiner starken und zugleich zärtlichen Hand. Nach seinem Bild und Gleichnis hat er dich ins Dasein geliebt. Du kannst staunen über die Farben deines Lebens, die Fingerzeige deines Gottes, die Spuren seiner Sehnsucht in dir. Du hast allen guten Grund zum Wachsen und zum Danken.

Kleiner Mensch, du großes Wunder,
wir wissen vieles von dir, aber du bleibst ein Geheimnis.
Kein anderes Kind ist genauso wie du.
Dich gibt es nur ein einziges Mal auf der Welt.

Kleiner Mensch, du großes Geschenk,
du gehörst zu uns, aber du gehörst uns nicht.
Dir gehört unser Herz. Dir gehört alles von uns,
solange du es brauchst.

Kleiner Mensch, du große Hoffnung,
du gehörst dir selbst und deinem Schöpfer,
der dich aus Liebe ins Leben gerufen hat,
auch wenn du es jetzt noch nicht weißt.
CHRISTA PEIKERT-FLASPÖHLER

Sternstunde

„So lange, wie ich leben mag, werd ich die Stunde und den Tag, den Augenblick vor Augen haben, da sie dich mir winzig und warm zum ersten Mal in meinen Arm und in mein Herz zu schließen gaben ...“

Mit diesen Worten besingt Reinhard Mey die Geburt seines Kindes als unvergessliche Sternstunde seines Lebens. Eine solche erstaunte Faszination und ein solch faszinierendes Staunen empfinden viele Menschen beim Anblick eines kleinen Menschenkindes. Erst recht Mütter und Väter, Großmütter und Großväter, Paten oder gute Freundinnen.

Es liegt ein tiefes Geheimnis, ja etwas geradezu Heiliges über dem kleinen schlafenden, zappelnden, schreienden oder schauenden Wesen. Es lässt alles andere rundherum vergessen. Es gibt nichts zwischen Himmel und Erde, was so schön, so wunderbar und so einzigartig ist.

„Jedes Kind, das auf die Welt kommt, bringt vom Himmel die Botschaft, dass Gott die Freude an uns Menschen niemals verliert“, so steht es auf manchen Karten zum „freudigen Ereignis“. Nicht nur die Geburt, auch die Taufe eines Kindes ist es wert, gebührend gefeiert zu werden.

Beim Namen gerufen

Mit ausdrucksstarken Bildern beschreibt der Prophet Jesaja in seinem 43. Kapitel, welche Kraft in den Zusagen Gottes steckt.

Wer sich von ihnen ansprechen lässt, kann ihre Tragweite erfahren. Wenn wir den Namen des getauften Kindes oder unseren eigenen Taufnamen einsetzen, können sie noch persönlicher zu Herzen gehen und Bedeutung gewinnen.

„Jetzt aber, [jeweils Namen einsetzen], so spricht der Herr,
der dich geschaffen und dich geformt hat: Fürchte dich nicht, …,
denn ich habe dich ausgelöst. Ich habe dich, …,
beim Namen gerufen. Du gehörst mir.

Wenn du, …, durchs Wasser schreitest, bin ich bei dir, wenn
durch Ströme, dann reißen sie dich nicht fort.

Wenn du, …, durch Feuer gehst, wirst du nicht versengt,
keine Flamme wird dich verbrennen.

Denn ich, der Herr, bin dein Gott, ich der Heilige Israels,
bin dein Retter, …

Weil du, …, in meinen Augen teuer und wertvoll bist und weil
ich dich liebe, gebe ich für dich, …, ganze Länder und für dein
Leben ganze Völker.

Fürchte dich nicht, …, denn ich bin mit dir. Denn jeden, der nach meinem Namen benannt ist, habe ich zu meiner Ehre erschaffen, geformt und gemacht."

JESAJA 43,1–7

In diesen uralten Worten erklingt die großartigste Liebeserklärung Gottes an mich und jeden Menschen. Sie stärken den Rücken, sie geben Kraft für den eigenen Weg und die eigene Menschwerdung. Durch sie spricht sich Gott einem jeden Menschen zu und verspricht ihm ewige Treue.

Vielen Eltern bereitet die Wahl des Namens für ihr Kind Kopfzerbrechen, andere sind sich dabei sehr schnell einig.

Was weiß ich von der Geschichte meines Namens? Warum haben meine Eltern mir gerade diesen und keinen anderen Namen gegeben? Seinen Namen trägt man ein Leben lang. Der Klang und der Ruf meines Namens eilt mir voraus oder auch nach.

Die Taufe Jesu und unsere Taufe

Die Tauferzählungen der Evangelien berichten uns nicht nur von der Taufe Jesu damals am Anfang seines öffentlichen Wirkens.

Sie laden uns ein, das, was bei der Taufe Jesu geschehen ist, auf die Feier jeder Taufe in unserer heutigen Zeit zu übertragen. Wie damals, so öffnet sich auch heute der Himmel und die Stimme Gottes spricht zum Getauften: „Du bist geliebt, ich habe Wohlgefallen an dir."

Der Evangelist Lukas ergänzt das Taufgeschehen mit einem kleinen, aber wichtigen Wort, das sich so bei den anderen Evangelisten nicht findet. Es heißt dort: „Während Jesus betete, hörte er die Stimme seines Vaters." Nur betend kann die Tragweite und das Geheimnis der Taufe erahnt und erfahren werden. Es ist so groß und so tief, dass ich es nie erfassen oder erklären kann. Immer wieder wünsche ich mir, dass die Friedenstaube wie bei der Taufe Jesu auf mich herabkommt und bei mir einen guten Landeplatz findet – in meinen Gedanken, Worten und Werken, in meiner Seele und meinem Verstand.

Angenommen – aufgenommen

„Jeder Mensch ist auf der Suche danach, dass ihm das Ja des Sein-dürfens zugesprochen wird",

so sagt es der jüdische Theologe Martin Buber. Genau darum geht es in der Taufe. Wer getauft wird, ist angenommen von Gott – vor aller Leistung und mit allem Scheitern. Diese Vorgabe und Zusage bleibt gültig und wirksam das ganze Leben hindurch. Auf dieses göttliche und stabile Fundament kann man sein Lebenshaus bauen.

Taufe bedeutet, eingetaucht zu werden in das unerschöpfliche uralte und zugleich ewig junge Geheimnis Gottes. Taufe bedeutet An- und Aufnahme in die Gemeinschaft der Glaubenden. Das ist keine Vereinnahmung durch die Kirche, weil sie Mitglieder braucht. Taufe ist ein sichtbares heiliges Zeichen für die größere unsichtbare Wirklichkeit Gottes. Er spricht in der Taufe

das unwiderrufliche Ja-Wort seiner Liebe. Er schließt den Bund
der Treue mit diesem Menschen für seine gesamte Lebenszeit
und darüber hinaus für die Ewigkeit.

Geschenk der Taufe

Aus der Taufe gehoben,
beim Namen gerufen,
Kind Gottes zu sein,
als Tochter und Sohn.

Mit Heiligem Geist erfüllt,
mit Freudenöl gesalbt,
erwählt und gesandt
von Gottes Gnaden.

Vom göttlichen Licht berührt,
traumhaft ins Dasein geliebt,
vom Schutzengel begleitet
auf allen Wegen des Lebens.

Vom heilenden Geist beatmet,
in seinem Urgrund verwurzelt,
mit seiner Phantasie beflügelt,
vom Geheimnis Gottes umfangen.

Natürlich wollen Eltern immer das Beste für ihr Kind. Wobei es nicht immer einfach zu entscheiden ist, was in der jeweiligen konkreten Situation dann auch tatsächlich das Beste ist.

Viele Eltern bevorzugen bei der Auswahl des Taufspruchs für ihr Kind ein Wort, in dem ein Engel vorkommt. Sie wollen damit zum Ausdruck bringen, wie sehr sie es ihrem Kind wünschen, dass es immer und überall geborgen ist unter dem Schutz Gottes. Das Kind soll bewahrt bleiben vor allem Unheil und jeglichem Schaden. Es soll sich unter dem Flügeldach der Engel gut entfalten und somit ein glücklicher Mensch werden.

Der Taufspruch bedeutet immer Zusage und Verheißung zugleich; er verbindet Herzenswunsch und Segenswort; er verweist weit über das immer begrenzte Hier und Jetzt hinaus in die endlose Lichtfülle Gottes. Es tut sich darin ein größerer Horizont auf als der menschlich übliche. Er lässt weiter schauen und tiefer blicken.

Im Taufspruch hören wir – wie in jedem Wort der Heiligen Schrift – Gottes Wort im Menschenwort. Gott selbst spricht sich darin in menschlicher Sprache aus und in eine Menschenseele hinein.

Sprechende Zeichen

Die Taufkerze

wird an der Osterkerze entzündet. Die Osterkerze ist Sinnbild für Christus, der uns gesagt hat, dass er das Licht, der Weg und die Wahrheit unseres Lebens ist und bleibt.

Beim Überreichen der Kerze an den Täufling und seine Eltern und Paten heißt es: „Empfange das Licht Christi!"

Dieses in der Taufe entzündete göttliche Licht im Kind sollen Eltern und Paten schützen, damit es im rauen Gegenwind unserer Zeit nicht erlischt; sie sollen dadurch selbst immer wieder neue Lebensfreude und Begeisterung im Glauben erfahren.

In allem Zwielichtigen und Dunklen geht es darum, auf dieses Licht Christi zu schauen und zu vertrauen. Als Kind des Lichtes im Alltag zu leben meint, hellwach zu sein, um sich nicht hinters Licht führen oder verführen zu lassen von billigen Versprechungen. Als Kind des Lichtes seinen Weg zu gehen heißt, sich an der Gestalt Jesu zu orientieren und seine befreiende Botschaft ins Leben zu übersetzen. Wer das versucht und tut, wird selbst zu einem Zeichen für andere und setzt Zeichen. Er wird zum Hinweis und Wegweiser für den gegenwärtigen und zugleich verborgenen Gott, der in Jesus Christus ein menschliches Gesicht angenommen hat.

Die Salbung mit Chrisam

Den Namen Christus kann man übersetzen mit „Gesandter und Gesalbter". Durch die Taufe wird jemand Christ, eben ein von Gottes Geist erfüllter Mensch, von seiner Kraft gesandt und gesalbt. Im Ersten Testament wurden Könige und Propheten gesalbt. Heute werden die Getauften, die Gefirmten und die Schwerkranken mit dem Zeichen der Salbung gestärkt.

Dieses altehrwürdige Zeichen verdeutlicht die Berührung mit dem unsichtbaren und dennoch hautnahen Gott. Über unsere fünf Sinne soll uns etwas vermittelt werden von dem tief verborgenen Geheimnis.

Pate stehen – Patin sein

Als Patin oder Pate übernimmt jemand eine wichtige Aufgabe, nimmt teil an der Verantwortung der Eltern für die Entwicklung und Erziehung des Kindes.

Patin und Pate versprechen dem Getauften und seinen Eltern ihre Freundschaft, ihre Weggefährtenschaft, ihre Mitsorge. Diese Beziehung will gepflegt werden, wenn sie wachsen und sich als lebendig und tragfähig erweisen soll.

Füreinander zum Segen werden

Am Ende der Tauffeier wird der Mutter, dem Vater und den Paten ein persönlicher Segen zugesprochen.

Was gibt es Besseres und Schöneres, als die Zusage zu erfahren, dass Gott immer und in allem für sie da ist? Sie können sich bei allen Veränderungen und Entwicklungen, Fragen und Sorgen, bei allen Anforderungen und Spannungen darauf verlassen, dass Gottes Treue bleibt. Gott hat mit ihrem Kind und ihnen diesen unzerstörbaren Bund geschlossen. Bei allem Ungewissen oder auch mancher Angst vor dem, was die Zukunft bringen mag, soll es die Zuversicht, die Hoffnung und das Vertrauen sein, das ihr Leben trägt und prägt.

Das ist das größte Geschenk und der beste Wunsch zum Fest der Taufe: Eltern, Paten und das getaufte Kind seien gesegnet, um füreinander zum Segen zu werden und Gottes reichsten Segen weiterzugeben.